DEUX CONTES

Oscar Wilde :
musique des mots,
Amour . . .

OSCAR WILDE

DEUX CONTES

F.-L. SCHMIED
Peintre - Graveur
74 bis rue Hallé
PARIS 1926

# LE PRINCE HEUREUX

Tout en haut de la cité, sur une petite colonne, se dressait la statue du Prince Heureux.   Elle était toute revêtue de chèvrefeuille d'or fin. Elle avait, en guise d'yeux, deux brillants saphyrs et un grand rubis rouge ardait à la poignée de son épée.

Aussi, on l'admirait beaucoup.

Il est aussi beau qu'une girouette, remarquait un des membres du Conseil de ville qui désirait s'acquérir une réputation de connaisseur en art.   Seulement, il n'est pas aussi utile, ajoutait-il, craignant qu'on ne le prît pour un homme peu pratique. Et certes, il ne l'était pas.   Pourquoi n'êtes-vous pas comme le Prince Heureux ? demandait une mère sensible à son petit garçon qui réclamait la lune. Le Prince

Heureux n'aurait jamais songé à demander quelque chose à tout cri.   Je suis heureux qu'il y ait quelqu'un au monde qui soit tout à fait heureux, murmurait un homme à qui rien n'avait réussi, en regardant la merveilleuse statue.

Il a vraiment l'air d'un ange, disaient les enfants de la charité en sortant de la cathédrale, vêtus de leurs superbes manteaux écarlates et avec leurs jolies vestes blanches.   A quoi le voyez-vous? répliquait le maître de mathématiques, vous n'en avez jamais vu un.   Oh ! nous en avons vu dans nos rêves, répondaient les enfants. Et le maître de mathématiques fronçait les sourcils et prenait un air sévère, car il ne pouvait approuver que des enfants se permissent de rêver. Une nuit, une petite Hirondelle vola à tire d'ailes vers la

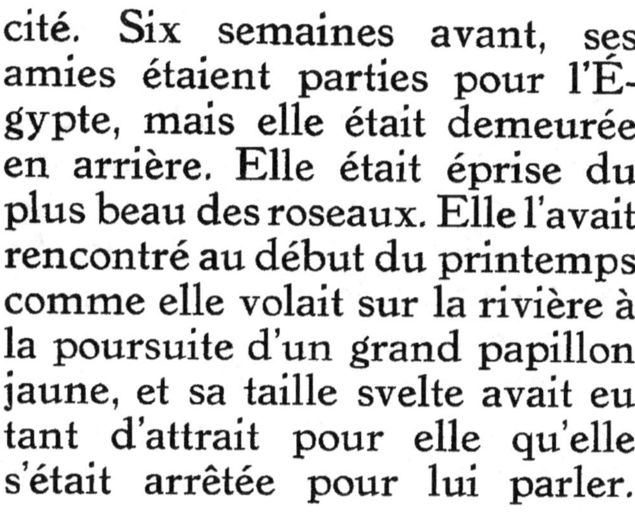

cité. Six semaines avant, ses amies étaient parties pour l'Égypte, mais elle était demeurée en arrière. Elle était éprise du plus beau des roseaux. Elle l'avait rencontré au début du printemps comme elle volait sur la rivière à la poursuite d'un grand papillon jaune, et sa taille svelte avait eu tant d'attrait pour elle qu'elle s'était arrêtée pour lui parler.

Vous aimerai-je, avait dit l'Hirondelle, qui aimait aller droit au but. Et le roseau lui avait fait un salut profond. Alors l'Hirondelle avait voleté autour de lui, effleurant l'eau de ses ailes et y traçant des sillages d'argent. C'était sa façon de faire sa cour, et ainsi s'écoula tout l'été.

C'est un ridicule attachement, gazouillaient les autres hirondelles. Ce roseau n'a pas le sou, et il a vraiment trop de famille.

En effet la rivière était toute couverte de roseaux. Alors que vint l'automne, toutes les hirondelles prirent leur vol. Quand elles furent parties, leur amie se sentit isolée et commença à se lasser de son amoureux.   Il ne sait pas causer, disait-elle ; et puis, je crains qu'il ne soit volage, car il flirte sans cesse avec la brise. Et, certes, toutes les fois qu'il faisait de la brise, le roseau multipliait ses plus gracieuses politesses.

Je comprends qu'il est casanier, murmurait l'Hirondelle. Moi, j'aime les voyages. Donc, qui m'aime doit aimer à voyager avec moi.   Voulez-vous me suivre ? demanda enfin l'Hirondelle au roseau. Mais le roseau secoua sa tête. Il était trop attaché à son chez lui.   Vous vous

IV

êtes joué de moi, lui cria l'Hirondelle. Je m'en vais aux Pyramides, adieu ! Et l'Hirondelle s'en alla. Tout le long du jour, elle avait volé et, à la nuit, elle arriva à la ville. Où chercherai-je un abri ? se dit-elle. J'espère que la ville aura fait des préparatifs pour me recevoir.

Alors, elle aperçut la statue sur la petite colonne. Je vais me percher là, cria-t-elle. Le site est joli. Il y a beaucoup d'air frais.

De la sorte elle vint s'abattre tout juste entre les pieds du Prince Heureux. J'ai une chambre dorée, se disait-elle doucement après avoir regardé autour d'elle. Et elle se prépara à dormir. Mais, comme elle mettait sa tête sous son aile, voici qu'une large goutte d'eau tomba sur elle.

v

Comme c'est curieux ! s'écria-t-elle. Il n'y a pas un nuage au ciel, les étoiles sont tout à fait claires et brillantes, et voilà qu'il pleut ! Le climat du nord de l'Europe est vraiment étrange. Le roseau aimait la pluie, mais c'était pur égoïsme de sa part. Alors une nouvelle goutte vint à tomber.

A quoi sert une statue, si elle ne garantit pas de la pluie, fit l'Hirondelle. Je vais chercher un bon auvent de cheminée. Et elle se décidait à prendre son vol plus loin. Mais avant qu'elle n'ouvrît ses ailes, une troisième goutte tomba. L'Hirondelle regarda au-dessus d'elle et elle vit...

Ah ! que vit-elle ? Les yeux du Prince Heureux étaient pleins de larmes, et les larmes coulaient sur ses joues d'or. Son visage

était si beau au clair de lune, que
la petite Hirondelle se sentit en-
vahie par la pitié.   Qui êtes-
vous ? dit-elle.

Je suis le Prince Heureux.
Alors, pour-
quoi pleurnichez-vous comme
cela ? demanda l'Hirondelle.
Vous m'avez presque trempée.

Quand j'étais vivant et que
j'avais un cœur d'homme, répliqua la statue, je ne savais pas ce
que c'était que les larmes, car je
vivais au Palais de Sans-Souci,
dont on ne permet pas l'entrée
au chagrin. Le jour, je jouais avec
mes compagnons dans le jardin
et, le soir, je dansais dans le
grand hall. Autour du jardin courait une très haute muraille, mais
je n'eus jamais la fantaisie de ce
qu'il y avait au delà de cette muraille, tout ce qui m'entourait
était si beau. Mes courtisans
m'appelaient le Prince Heureux,

et certes, j'étais vraiment heureux si le plaisir c'est le bonheur. Ainsi je vécus, ainsi je mourus, et, maintenant que je suis mort, ils m'ont huché si haut que je puis voir toutes les laideurs et toutes les misères de ma ville, et quoique mon cœur soit de plomb, il ne me reste d'autre ressource que de pleurer.   Quoi ! il n'est pas d'or de bon aloi, pensa l'Hirondelle à part elle. Elle était trop bien élevée pour faire tout haut aucune remarque sur les gens.

Là-bas, continua la statue, de sa voix basse et musicale, là-bas, dans une petite rue, il est une pauvre maison. Une des fenêtres est ouverte et, par elle, je puis voir une femme assise à une table. Son visage est amaigri et usé. Elle a des mains épaisses, rougeaudes, toutes piquées par l'aiguille, car elle est couturière.

VIII

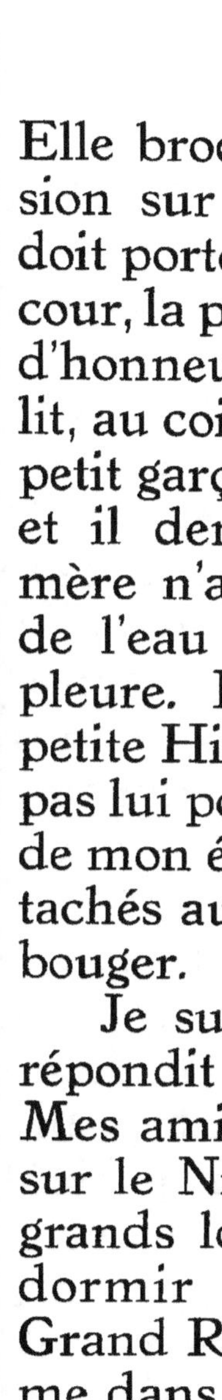

Elle brode des fleurs de la Passion sur une robe de satin que doit porter, au prochain bal de la cour, la plus belle des demoiselles d'honneur de la Reine. Dans un lit, au coin de la chambre, gît son petit garçon malade. Il a la fièvre et il demande des oranges. Sa mère n'a rien à lui donner que de l'eau de la rivière. Aussi il pleure. Hirondelle, Hirondelle, petite Hirondelle, ne voulez-vous pas lui porter le rubis de la garde de mon épée ? Mes pieds sont attachés au piédestal et je ne puis bouger.

Je suis attendue en Égypte, répondit l'Hirondelle.
Mes amies voltigent de çà de là sur le Nil et bavardent avec les grands lotus. Bientôt elles iront dormir dans le tombeau du Grand Roi. Le Roi y est lui-même dans son cercueil de bois. Il est enveloppé d'une toile jaune et

embaumé avec des aromates.
Autour de son cou, il a une chaî-
ne de jade vert pâle et ses mains
sont comme des feuilles sèches.

Hirondelle, Hirondelle, petite
Hirondelle, dit le Prince, ne resterez-vous pas avec moi une nuit,
et ne serez-vous pas ma messagère ? L'enfant a tant soif et la
mère est si triste.   Je ne pense
pas que j'aime les enfants, répondit l'Hirondelle. L'été dernier
quand je séjournais au bord de
la rivière, deux garçons mal éle-
vés, les enfants du meunier, ne
cessaient pas de me jeter des
pierres. Certes, ils ne m'attei-
gnaient jamais. Nous autres hirondelles, nous volons trop bien
pour cela, et, en outre, je suis
d'une famille célèbre par son
agilité, mais quand même c'était
une marque d'irrespect. Mais le
regard du Prince Heureux était

X

si triste que la petite Hirondelle
en fut toute chagrine.   Il fait
bien froid ici, dit-elle, mais je resterai une nuit avec vous et je serai votre messagère.

Merci, petite Hirondelle, répondit le prince.

Alors la petite Hiron-
delle arracha le grand rubis de
l'épée du Prince, et, l'emportant
dans son bec, prit son vol par-
dessus les toits de la ville. Elle
passa sur la tour de la cathédrale
où des anges étaient sculptés en
marbre blanc. Elle passa sur le
Palais et entendit de la musique
de danse. Une belle jeune fille
parut sur le balcon avec son
amoureux.   Combien les étoiles sont belles, lui dit-il, et combien est puissante la force de l'a-
mour !   Je voudrais que ma
robe soit prête pour le bal officiel,
répondit-elle. J'ai commandé d'y
broder des fleurs de la passion,

mais les couturières sont si négligentes. Elle passa sur la rivière
et vit les lanternes suspendues au
mât des barques. Elle passa sur
le ghetto et vit les vieux juifs qui
faisaient des affaires entre eux et
pesaient des monnaies dans des
balances de cuivre. Enfin, elle
arriva à la pauvre demeure et y
jeta un coup d'œil. L'enfant
s'agitait fiévreusement dans son
lit et sa mère s'était endormie
tant elle était fatiguée. L'Hirondelle sautilla dans la chambre et
mit le grand rubis sur la table,
sur le dé de la couturière. Puis
elle voleta doucement autour du
lit, éventant de ses ailes le visage
de l'enfant.

Quelle douce fraîcheur je
ressens ! fit l'enfant.
Je dois aller mieux. Et il tomba
dans un délicieux sommeil.
Alors l'Hirondelle s'en fut à tire
d'ailes vers le Prince Heureux et

lui dit ce qu'elle avait fait.

C'est curieux, remarqua-t-elle, mais maintenant je sens presque de la chaleur, et cependant il fait bien froid. C'est parce que vous avez fait une bonne action, répliqua le Prince. Et la petite Hirondelle commença à réfléchir et alors elle s'endormit. Toutes les fois qu'elle réfléchissait, elle s'endormait. Quand parut l'aube, elle vola vers la rivière et prit un bain. Voilà un remarquable phénomène ! s'écria le professeur d'ornithologie qui passait sur le pont. Une Hirondelle en hiver ! Et il écrivit à ce sujet une longue lettre à une feuille locale. Tout le monde la cita. Elle était pleine de tant de mots qu'on ne pouvait comprendre.

Ce soir je pars pour l'É-gypte, se disait l'Hirondelle. Et,

XIII

à cette perspective, elle était toute joyeuse. Elle visita tous les monuments publics et se reposa longtemps sur le sommet du clocher de l'église. Partout où elle allait, les pierrots gazouillaient. Ils se disaient les uns aux autres :

Combien cette étrangère est distinguée ! Cela la remplissait de joie. Quand la lune se leva, elle retourna à tire d'ailes vers le Prince Heureux.   Avez-vous quelques commissions pour l'Égypte ? lui cria-t-elle. Je suis sur mon départ.

Hirondelle, Hirondelle, petite Hirondelle ! dit le Prince, ne resterez-vous pas avec moi encore une nuit ?   On m'attend en Égypte, répondit l'Hirondelle.

Demain mes amies s'y envoleront vers la seconde cataracte. Là l'hippopotame se couche parmi les joncs et le Dieu Memmon se dresse sur un grand trône de granit. Toute la nuit il guette les étoiles, et, quand l'étoile du matin brille, il pousse un cri de joie et ensuite il se tait. A midi, les lions jaunes descendent boire au bord du fleuve. Ils ont des yeux comme des aigues-marines vertes et leurs rugissements sont bien plus éclatants que les rugissements de la cataracte.   Hirondelle, Hirondelle, petite Hirondelle, dit le Prince, tout là-bas de l'autre côté de la ville, je vois un jeune homme dans un grenier. Il est penché sur un bureau couvert de papiers et, dans un verre à côté de lui, il y a un bouquet de violettes fanées.

Sa chevelure est brune et frisée. Ses lèvres sont rouges comme des grains de grenade. Il a de grands yeux rêveurs. Il s'efforce de finir une pièce pour le directeur du théâtre, mais il a trop froid pour écrire davantage. Il n'y a pas de feu dans le galetas et la faim l'a abattu sans forces.

Je demeurerai encore une nuit avec vous, dit l'Hirondelle, qui avait réellement un bon cœur. Dois-je lui porter un autre rubis ?
Hélas ! je n'ai plus de rubis, dit le Prince. Mes yeux sont la seule chose qui me reste. Ce sont de rares saphirs qui furent rapportés des Indes il y a un millier d'années. Arrachez l'un d'eux et prenez-le pour lui. Il le vendra à un joaillier. Il achètera de quoi se nourrir et de quoi se chauffer et finira sa pièce. Cher Prince, dit l'Hirondelle, je ne puis faire cela. Et elle se mit à pleurer. Hirondelle, Hirondelle, petite Hirondelle ! dit le Prince. Faites ce que je vous commande.

Alors l'Hirondelle arracha l'œil

XVI

du Prince et s'envola vers le galetas de l'étudiant. Il était facile d'y pénétrer, car il y avait un trou dans le toit. L'Hirondelle y entra comme un trait et sautilla par la pièce. Le jeune homme avait la tête plongée dans ses mains. Il n'entendit pas le trémoussement des ailes de l'oiseau et, quand il releva la tête, il vit le beau saphir couché sur les violettes fanées.

Je commence à être apprécié, s'écria-t-il. Ceci vient de quelque riche admirateur. Maintenant je puis finir ma pièce. Et il semblait tout à fait heureux. Le jour suivant, l'Hirondelle s'envola vers le port. Elle se reposa sur le mât d'un grand navire et contempla les matelots qui halaient d'énormes caisses hors de la cale avec des cordes. Ah hisse ! criaient-ils à chaque caisse qui arrivait sur le pont.

XVII

Je vais en Égypte, leur cria l'Hirondelle. Mais personne ne prenait garde à elle et, quand la lune se leva, elle retourna vers le Prince Heureux. Je suis venue vous dire adieu, lui dit-elle. Hirondelle, Hirondelle, petite Hirondelle ! dit le Prince. Ne resterez-vous pas avec moi encore une nuit ?

C'est l'hiver, répliqua l'Hirondelle, et la neige glaciale sera bientôt ici. En Égypte, le soleil est chaud sur les palmiers verts. Les crocodiles, couchés dans la boue, regardent paresseusement les arbres au bord du fleuve. Mes compagnes construisent des nids dans le temple de Baalbeck. Les colombes roses et blanches les suivent des yeux et roucoulent alternativement. Cher Prince, il faut que je vous quitte, mais je ne vous oublierai jamais et, le

printemps prochain, je vous ap-
porterai de là-bas deux beaux
joyaux pour remplacer ceux que
vous avez donnés. Le rubis sera
plus rouge qu'une rose rouge et le
saphir sera aussi bleu que la
grande mer. Là-dessous,
dans le square, répliqua le Prince
Heureux, stationne une petite
marchande d'allumettes. Elle a
laissé tomber ses allumettes dans
le ruisseau et elles sont toutes
gâtées. Son père la battra, si elle
ne rapporte pas quelque argent
au logis, et elle pleure. Elle n'a
ni souliers ni bas et sa petite tête
est nue.

Arrache-moi mon autre
œil et donne-le lui, et son père ne
la battra pas. Je passerais
encore une nuit avec vous, dit
l'Hirondelle, mais je ne puis vous
arracher un œil. Alors vous se-
riez tout à fait aveugle. Hirondelle, Hirondelle, petite Hi-

rondelle ! dit le Prince. Faites ce que je vous commande. Alors l'Hirondelle arracha le second œil du Prince et prit son vol en l'emportant. Elle s'abattit sur l'épaule de la petite marchande d'allumettes et glissa le joyau dans la paume de la main. Le joli morceau de verre ! s'écria la petite fille. Et, toute rieuse, elle courut chez elle. Alors l'Hirondelle revint encore vers le Prince.

Maintenant vous êtes aveugle, dit-elle. Alors je vais rester avec vous pour toujours. Non, petite Hirondelle, dit le pauvre Prince.

Il faut que vous alliez en Égypte.

Je resterai toujours avec vous, dit l'Hirondelle. Et elle s'endormit entre les pieds du Prince. Le jour suivant, elle se campa sur l'épaule du Prince et lui conta

des récits de ce qu'elle avait vu
dans des pays étranges. Elle lui
parla d'ibis rouges qui se tiennent,
en longues rangées, sur les rives
du Nil et pêchent à coups de bec
des poissons d'or, du Sphynx qui
est aussi vieux que le monde, vit
dans le désert et connaît toutes
choses ; des marchands qui mar-
chent lentement près de leurs
chameaux et roulent des chape-
lets d'ambre dans leurs mains ;
du roi des montagnes de la Lune,
qui est noir comme l'ébène et
adore un grand bloc de cristal ; du
grand serpent vert qui dort dans
un palmier et que vingt prêtres
sont chargés de nourrir de gâ-
teaux de miel ; et des pygmées
qui naviguent sur un grand lac
sur de larges feuilles plates et sont
toujours en guerre avec les papil-
lons.   Chère petite Hirondelle, dit le Prince, vous me dites
de merveilleuses choses, mais

plus merveilleux est ce que sup-
portent les hommes et les fem-
mes. Il n'y a pas de mystère
aussi grand que la misère. Vole
par ma ville, petite Hirondelle, et
dis-moi ce que tu y vois. Alors
la petite Hirondelle vola par la
grande ville et vit les riches qui se
réjouissaient dans leurs Palais
superbes tandis que les men-
diants étaient assis à leurs portes.

Elle vola par les ruelles sombres
et vit les visages pâles d'enfants
mourant de faim qui regardaient
avec insouciance les rues noires.
Sous les arches d'un pont, deux
petits enfants étaient couchés
dans les bras l'un de l'autre pour
tâcher de se tenir chaud.   Comme nous avons faim ! disaient-ils.

Il ne faut pas rester couchés
ici ! leur cria le sergent de ville.
Et ils s'éloignèrent sous la pluie.

XXIV

Alors l'Hirondelle reprit son vol
et alla dire au Prince ce qu'elle
avait vu.   Je suis couvert d'or
fin, dit le Prince ; détachez-le
feuille à feuille et donnez-le à mes
pauvres. Les hommes croient toujours que l'or peut les rendre heureux. Feuille à feuille, l'Hirondelle arracha l'or fin jusqu'à ce
que le Prince Heureux n'eût plus
ni éclat ni beauté. Feuille à
feuille, elle distribua l'or fin aux
pauvres et les visages des enfants
devinrent roses, ils rirent et jouè-
rent par la rue.   Maintenant
nous avons du pain, criaient-ils.

Alors la neige arriva, et après la
neige la glace. Les rues sem-
blaient êtres ferrées d'argent tant
elles brillaient et étincelaient. De
longs glaçons, tels que des poi-
gnards de cristal, étaient suspen-
dus aux toits des maisons. Tout
le monde se couvrait de fourrures

et les petits garçons portaient des toques écarlates et patinaient sur la glace. La pauvre petite Hirondelle avait froid, toujours plus froid, mais elle ne voulait pas quitter le Prince ; elle l'aimait trop pour cela. Elle picorait les miettes à la porte du boulanger, quand le boulanger ne la regardait pas, et essayait de se réchauffer en battant des ailes. Mais, à la fin, elle vit qu'elle allait mourir. Elle

eut tout juste la force de voler encore une fois sur l'épaule du Prince.   Adieu, cher Prince !

murmura-t-elle. Permettez que je baise votre main.   Je suis heureux que vous partiez enfin pour l'Égypte, petite Hirondelle, dit le Prince. Vous avez séjourné trop longtemps ici, mais il faut me baiser sur les lèvres, car je vous aime.   Ce n'est pas en Égypte que je vais aller, dit l'Hirondelle. Je vais aller dans la maison de la Mort. La Mort, c'est la sœur du Sommeil, n'est-ce pas ?

Et elle baisa le Prince Heureux sur les lèvres et tomba morte à ses pieds. A ce moment, un singulier craquement résonna à l'intérieur de la statue comme si quelque chose s'était brisé. Le fait est que le cœur de plomb s'était fendu en deux. Vraiment il faisait un terrible froid. De bonne heure, le lendemain, le maire se promenait dans le square sous la statue avec les conseillers de la ville. Comme ils dépassaient le piédestal, il leva la tête vers la statue.   Dieu ! dit-il. Comme le Prince Heureux semble déguenillé !   Il est vraiment déguenillé ! dirent les conseillers de ville qui étaient toujours de l'avis du maire et eux aussi levèrent la tête pour regarder la statue.   Le rubis de son épée est tombé, ses yeux ne sont plus en place et il n'est plus du tout doré, dit le maire. Bref, il ne vaut guère plus qu'un mendiant.

Guère plus qu'un mendiant ! firent écho les conseillers de ville.

Et voici qu'il a à ses pieds un oiseau mort, continua le maire. Vraiment il faudra faire promulguer un arrêté pour défendre aux oiseaux de mourir ici. Et le secrétaire de ville prit note de cette idée. Alors on renversa la statue du Prince Heureux.

Comme il n'est plus beau, il ne sert plus à rien ! dit le professeur d'art à l'Université. Alors on fondit la statue dans une fournaise et le maire réunit le conseil en assemblée pour décider ce que l'on ferait du métal. Nous pourrions, proposa-t-il en faire une autre statue. La mienne par exemple. Ou la mienne, dit chacun des conseillers de ville. Et ils se querellèrent. La dernière fois que j'ai entendu parler d'eux, ils se querellaient toujours.

Quelle étrange chose ! dit le contremaître de la fonderie. Ce cœur de fonte ne veut pas fondre dans le fourneau, il nous faudra le jeter aux rebuts. Les fondeurs le jetèrent sur le tas de détritus où gisait l'Hirondelle morte. Apporte-moi les deux choses les plus précieuses de la ville, dit Dieu à l'un de ses anges. Et l'ange lui apporta le cœur de plomb et l'oiseau mort. Tu as bien choisi, dit Dieu. Dans mon jardin du Paradis, ce petit oiseau chantera éternellement et, dans ma cité d'or, le Prince Heureux redira mes louanges.

XXIX

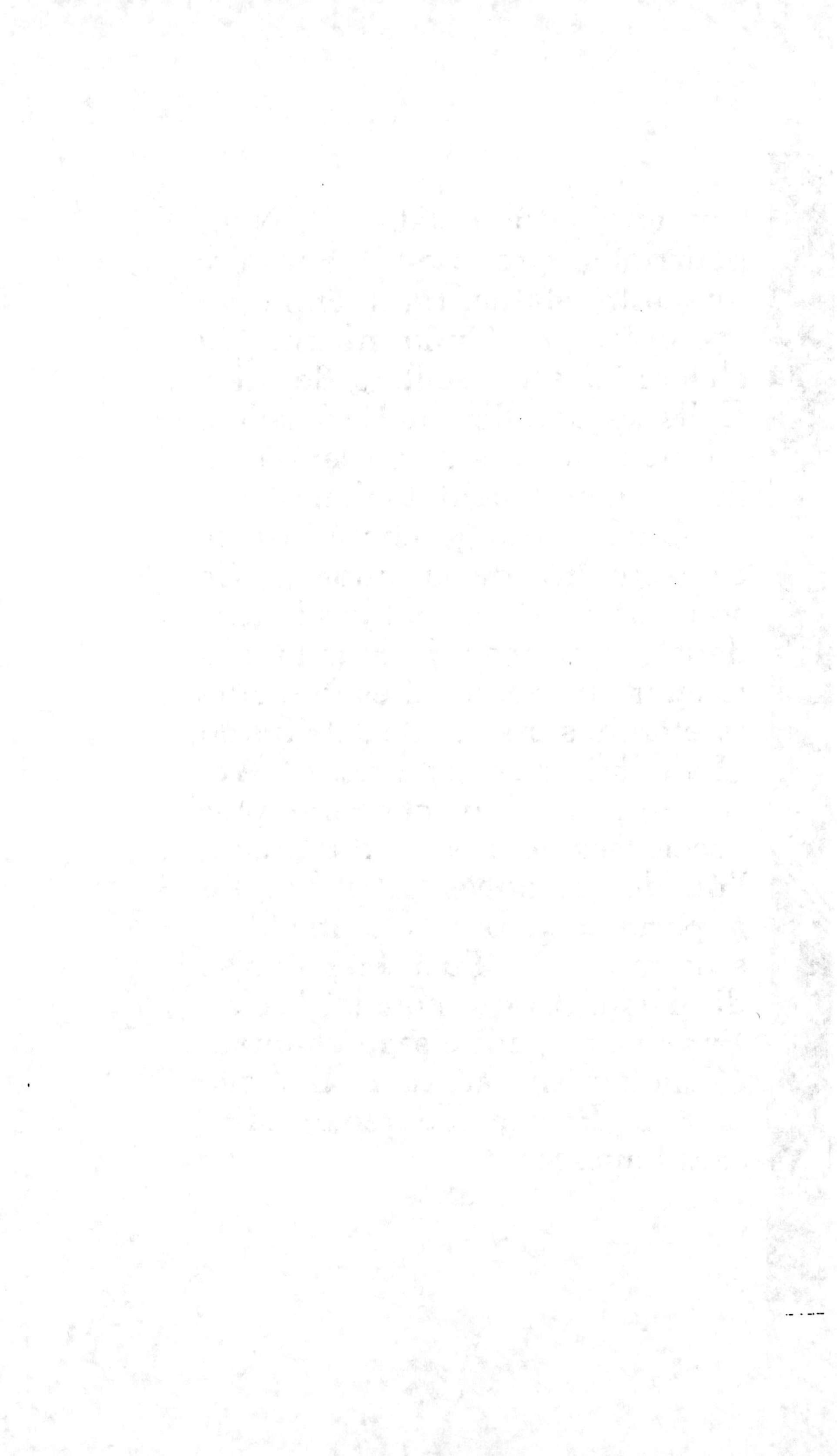

LE ROSSIGNOL
ET LA ROSE

lle a dit qu'elle danse-
rait avec moi si je lui
apportais des roses rou-
ges, gémissait le jeune
étudiant, mais dans tout mon
jardin il n'y a pas une rose rouge.

De son nid dans l'yeuse, le rossignol l'entendit. Il regarda à
travers les feuilles et s'émerveilla.

Pas de roses rouges dans tout
mon jardin ! criait l'étudiant.

Et ses beaux yeux se remplis-
saient de larmes. Ah ! de
quelle chose minime dépend le
bonheur ! J'ai lu tout ce que les
sages ont écrit ; je possède tous

les secrets de la philosophie et faute d'une rose rouge voilà ma vie brisée.   Voici enfin l'amoureux vrai, dit le rossignol.

Toutes les nuits je l'ai chanté, quoique je ne le connusse pas ; toutes les nuits je redis son histoire aux étoiles, et maintenant je le vois. Sa chevelure est foncée comme la fleur de la jacinthe et ses lèvres sont rouges comme la rose qu'il désire, mais la passion a rendu son visage pâle comme l'ivoire et le chagrin a mis son sceau sur son front.   Le prince donne un bal demain soir, murmurait le jeune étudiant, et mes amours seront de la fête. Si

je lui apporte une rose rouge, elle
dansera avec moi jusqu'au point
du jour. Si je lui apporte une rose
rouge, je la serrerai dans mes
bras. Elle inclinera sa tête sur
mon épaule et sa main étreindra
la mienne. Mais il n'y a pas de
roses rouges dans mon jardin.

Alors je demeurerai seul et elle
me négligera. Elle ne fera nulle
attention à moi et mon cœur se
brisera.   Voilà bien l'amoureux vrai, dit le rossignol. Il souf-
fre tout ce que je chante : tout ce
qui est joie pour moi est peine
pour lui. Sûrement l'amour est
une merveilleuse chose, plus pré-
cieuse que les émeraudes et plus

chère que les fines opales. Perles
et grenades ne peuvent le payer,
car il ne paraît pas sur le marché.

On ne peut l'acheter au mar-
chand ni le peser dans une ba-
lance pour l'acquérir au poids de
l'or.

Les musiciens se tien-
dront sur leur estrade, disait le
jeune étudiant. Ils joueront de
leurs instruments à cordes et mes
amours danseront au son de la
harpe et du violon. Elle dansera
si légèrement que son pied ne
touchera pas le parquet et les
gens de la cour en leurs gais
atours s'empresseront autour
d'elle, mais avec moi elle ne dan-

sera pas, car je n'ai pas de roses
rouges à lui donner. Et il se
jetait sur le gazon, plongeait son
visage dans ses mains et pleurait.

Pourquoi pleure-t-il ? demandait un petit lézard vert, comme
il courait près de lui, sa queue en
l'air.　Mais pourquoi ? disait
un papillon qui voletait à la poursuite d'un rayon de soleil.

Mais pourquoi donc ? mur-
mura une pâquerette à sa voisine
d'une douce petite voix.　Il
pleure à cause d'une rose rouge.

A cause d'une rose rouge,
Comme c'est ridicule ! Et le pe-
V

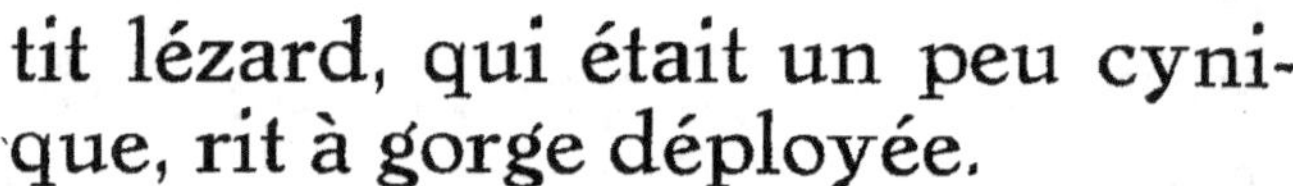

tit lézard, qui était un peu cyni-
que, rit à gorge déployée.

Mais
le rossignol comprit le secret des
douleurs de l'étudiant, demeura
silencieux sur l'yeuse et réfléchit
au mystère de l'amour. Soudain
il déploya ses ailes brunes pour
s'envoler et prit son essor. Il passa à travers le bois comme une
ombre et, comme une ombre, il
traversa le jardin. Au centre du
parterre se dressait un beau rosier
et, quand il le vit, il vola vers lui
et se campa sur une menue bran-
che.

Donnez-moi une rose
rouge, cria-t-il, et je vous chanterai mes plus douces chansons.

VI

Mais le rosier secoua sa tête.

Mes roses sont blanches, répondit-il, blanches comme l'écume de la mer et plus blanches que la neige dans la montagne.

Mais allez trouver mon frère qui croît autour du vieux cadran solaire et peut-être vous donnera-t-il ce que vous demandez.

Alors le rossignol vola au rosier qui croissait autour du vieux cadran solaire. Donnez-moi une rose rouge, lui cria-t-il, et je vous chanterai mes plus douces chansons. Mais le rosier secoua sa tête. Mes roses sont jaunes,

VII

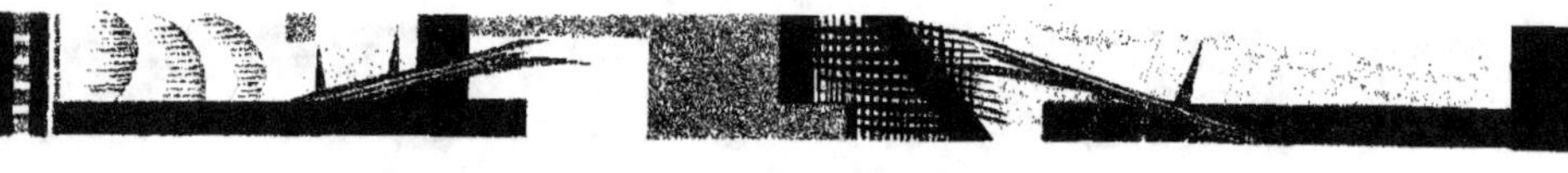

répondit-il, aussi jaunes que les cheveux des sirènes qui s'assoient sur un tronc d'arbre, plus jaunes que le narcisse qui fleurit dans les prés, avant que le faucheur ne vienne avec sa faux. Mais allez vers mon frère qui croît sous la fenêtre de l'étudiant et peut-être vous donnera-t-il ce que vous demandez. Alors le rossignol vola au rosier qui grandissait sous la fenêtre de l'étudiant.

Donnez-moi une rose rouge, cria-t-il, et je vous chanterai mes plus douces chansons. Mais l'arbre secoua sa tête. Mes roses sont rouges, répondit-il, aussi rouges que les pattes des colombes et

VIII

plus rouges que les grands éven-
tails de corail que l'océan berce
dans ses abîmes, mais l'hiver a
glacé mes veines, la gelée a flétri
mes boutons, l'ouragan a brisé
mes branches et je n'aurai plus
de roses de toute l'année.   Il
ne me faut qu'une rose rouge,
cria le rossignol, une seule rose
rouge. N'y a-t-il pas quelque
moyen que j'en ai une ?   Il y
a un moyen, répondit le rosier,
mais il est si terrible que je n'ose
vous le dire.   Dites-le moi, fit
le rossignol. Je ne suis pas timide.

S'il vous faut une rose rouge,
dit le rosier, vous devez la bâtir

de notes de musique au clair de lune et la teindre du sang de votre propre cœur. Vous chanterez pour moi, votre gorge appuyée à des épines. Toute la nuit vous chanterez pour moi et les épines vous perceront le cœur : votre sang vital coulera dans mes veines et deviendra le mien.

La mort est un grand prix pour une rose rouge, répliqua le rossignol, et tout le monde aime la vie.

Il est doux de se percher dans le bois verdissant, de regarder le soleil dans son char d'or et la lune dans son char de perles. Elle est douce, l'odeur des buissons d'au-

bépines. Elles sont douces, les clochettes bleues qui se cachent dans la vallée et les bruyères qui couvrent la colline. Pourtant, l'amour est meilleur que la vie et qu'est-ce que le cœur d'un oiseau comparé au cœur d'un homme? Alors il déploya ses ailes brunes et prit son essor dans l'air. Il passa à travers le jardin comme une ombre et, comme une ombre, il traversa le bois.

Le jeune étudiant était toujours couché sur le gazon là où le rossignol l'avait laissé et les larmes n'avaient pas encore séché dans ses beaux yeux. Soyez heureux, lui cria le rossignol, soyez heu-

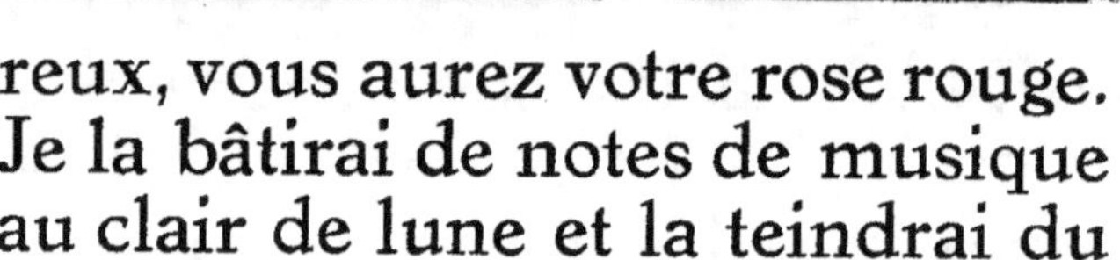

reux, vous aurez votre rose rouge.
Je la bâtirai de notes de musique
au clair de lune et la teindrai du
sang de mon propre cœur.

Tout
ce que je vous demanderai en
retour, c'est que vous soyez un
amoureux vrai, car l'amour est
plus sage que la philosophie,
quoiqu'elle soit sage, et plus fort
que la puissance, quoiqu'elle soit
forte.
Ses ailes sont couleur de feu
et son corps couleur de flammes,
ses lèvres sont douces comme le
miel et son haleine est comme
l'encens. L'étudiant leva les
yeux du gazon, tendit l'oreille,
mais il ne put comprendre ce que

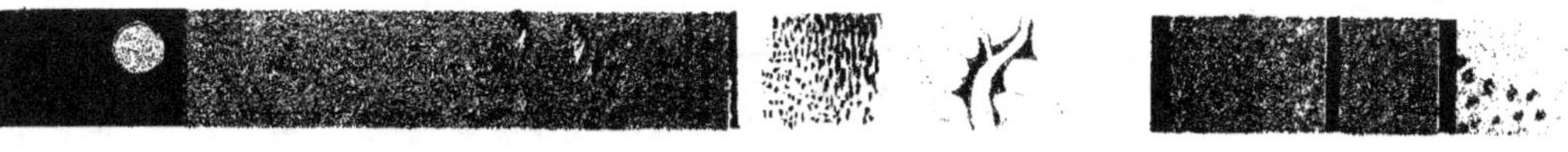

lui disait le rossignol, car il ne savait que les choses qui sont écrites dans les livres. Mais l'yeuse comprit et s'attrista, car il aimait beaucoup le petit rossignol qui avait bâti son nid dans ses branches.

Chantez-moi une dernière chanson, murmura-t-il. Je serai si triste quand vous serez parti. Alors le rossignol chanta pour l'yeuse et sa voix était comme l'eau jaseuse d'une fontaine argentine. Quand il eut fini sa chanson, l'étudiant se releva et tira son calepin et son crayon de sa poche. Le rossignol, se disait-il en se promenant par l'allée, le rossignol a une

indéniable beauté, mais a-t-il du
sentiment ? Je crains que non. En
fait, il est comme beaucoup d'ar-
tistes, il est tout style, sans nulle
sincérité. Il ne se sacrifie pas pour
les autres. Il ne pense qu'à la musique et, tout le monde le sait,
l'art est égoïste.

Certes, on ne peut
contester que sa voix a de fort
belles notes. Quel malheur que
tout cela n'ait aucun sens, ne vise
aucun but pratique. Et il se ren-
dit dans sa chambre, se coucha
sur son petit grabat et se mit à
penser à ses amours. Un peu
après, il s'endormit. Et, quand la
lune brillait dans les cieux, le
rossignol vola au rosier et plaça

sa gorge contre les épines. Toute la nuit, il chanta sa gorge appuyée contre les épines et la froide lune cristalline s'arrêta et écouta toute la nuit. Toute la nuit, il chanta et les épines pénétraient de plus en plus avant dans sa gorge et son sang vital fluait hors de son corps.

D'abord, il chanta la naissance de l'amour dans le cœur d'un garçon et d'une fille et, sur la plus haute ramille du rosier, fleurit une rose merveilleuse, pétale après pétale, comme une chanson suivait une chanson. D'abord, elle était pâle comme la brume qui flotte sur la rivière, pâle comme les pieds du

matin et argentée comme les ailes
de l'aurore. La rose, qui fleuris-
sait sur la plus haute ramille du
rosier, semblait l'ombre d'une
rose dans un miroir d'argent,
l'ombre d'une rose dans un lac.

Mais le rosier cria au rossignol de
se presser plus étroitement contre
les épines. Pressez-vous plus
étroitement, petit rossignol, disait
le rosier, ou le jour reviendra
avant que la rose ne soit terminée.

Alors le rossignol se pressa plus
étroitement contre les épines et
son chant coula plus éclatant, il
chantait comment éclot la passion
dans l'âme de l'homme et d'une

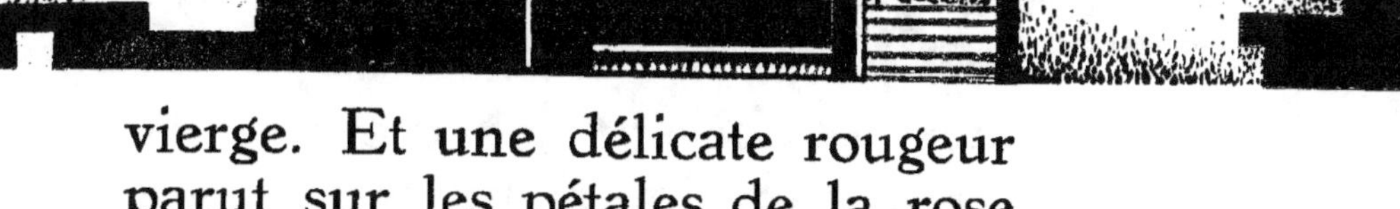

vierge. Et une délicate rougeur
parut sur les pétales de la rose
comme rougit le visage d'un fian-
cé qui baise les lèvres de sa fian-
cée. Mais les épines n'avaient
pas encore atteint le cœur du rossignol, aussi le cœur de la rose
demeurait blanc, car le sang seul
d'un rossignol peut empourprer
le cœur d'une rose.

Et la rose
cria au rossignol de se presser
plus étroitement contre les épines   Pressez-vous plus étroitement, petit rossignol, disait-il,
ou le jour surviendra avant que
la rose ne soit terminée. Alors
le rossignol se pressa plus étroitement contre les épines, et les épi-

XVII

nes touchèrent son cœur, et en lui se développa un cruel tourment de douleur. Plus amère, plus amère était la douleur, plus impétueux, plus impétueux jaillissait son chant, car il chantait l'amour parfait par la mort, l'amour qui ne meurt pas dans la tombe. Et la rose merveilleuse s'empourpra comme les roses du Bengale. Pourpre était la couleur des pétales et pourpre comme un rubis était le cœur. Mais la voix du rossignol faiblit. Ses petites ailes commencèrent à battre et un nuage s'étendit sur ses yeux.

Son chant devint de plus en plus faible. Il sentit que quelque chose

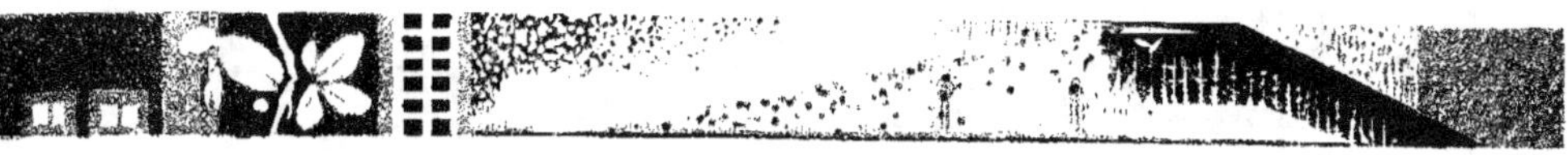

l'étouffait à la gorge. Alors son chant lança un dernier éclat. La blanche lune l'entendit et elle oublia l'aurore et s'attarda dans le ciel.

La rose rouge l'entendit ; elle trembla toute d'extase et ouvrit ses pétales à l'air froid du matin. L'écho l'emporta vers sa caverne pourpre sur les collines et éveilla de leurs rêves les troupeaux endormis.

Le chant flotta parmi les roseaux de la rivière et ils portèrent son message à la mer.

Voyez, voyez, cria le rosier, voici que la rose est finie.

XIX

Mais le rossignol ne répondit
pas : il était couché dans les hau-
tes graminées, mort le cœur trans-
percé d'épines.

A midi, l'étu-
diant ouvrit sa fenêtre et regarda
au dehors.   Quelle étrange
bonne fortune ! s'écria-t-il, voici
une rose rouge ! Je n'ai jamais vu
pareille rose dans ma vie.

Elle
est si belle que je suis sûr qu'elle
doit avoir en latin un nom com-
pliqué. Et il se pencha et la
cueillit. Alors il mit son chapeau
et courut chez le professeur, sa
rose à la main. La fille du professeur était assise sur le pas de

la porte. Elle dévidait de la soie bleue sur une bobine et son petit chien était couché à ses pieds.

Vous aviez dit que vous danseriez avec moi si je vous apportais une rose rouge, lui dit l'étudiant. Voilà la rose la plus rouge du monde. Ce soir, vous la placerez près de votre cœur et, quand nous danserons ensemble, elle vous dira combien je vous aime.

Mais la jeune fille fronça les sourcils. Je crains que cette rose n'aille pas avec ma robe, répondit-elle. D'ailleurs le neveu du chambellan m'a envoyé quelques vrais bijoux et chacun sait que les

bijoux coûtent plus cher que les fleurs.   Oh ! ma parole, vous êtes une ingrate ! dit l'étudiant d'un ton colère.   Et il jeta la rose dans la rue où elle tomba dans le ruisseau. Une lourde charrette l'écrasa.   Ingrate ! fit la jeune fille. Je vous dirai que vous êtes bien mal élevé. Et qu'êtes-vous après tout ? un simple étudiant. Peuh ! je ne crois pas que vous ayez jamais de boucles d'argent à vos souliers comme en a le neveu du chambellan.

Et elle se leva de sa chaise et rentra dans la maison.

Quelle niaiserie que l'amour ! disait l'étu-

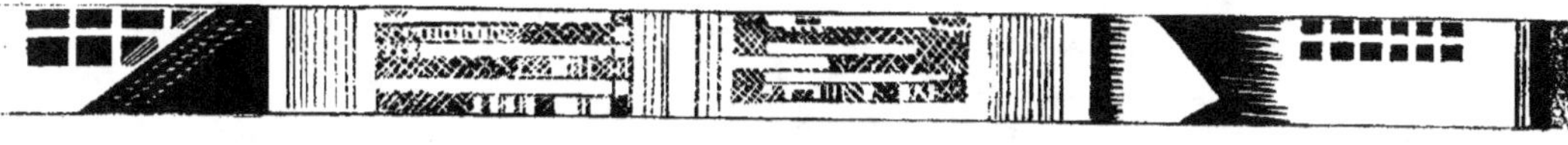

diant en revenant sur ses pas. Il n'est pas la moitié aussi utile que la logique, car il ne peut rien prouver et il parle toujours de choses qui n'arriveront pas et fait croire aux gens des choses qui ne sont pas vraies. Bref, il n'est pas du tout pratique et comme à notre époque le tout est d'être pratique, je vais revenir à la philosophie et étudier la métaphysique.

Là dessus, l'étudiant retourna dans sa chambre, ouvrit un grand livre poudreux et se mit à lire.

LE PRINCE
HEUREUX

TABLE DES
GRAVURES

LE
ROSSIGNOL
ET LA ROSE

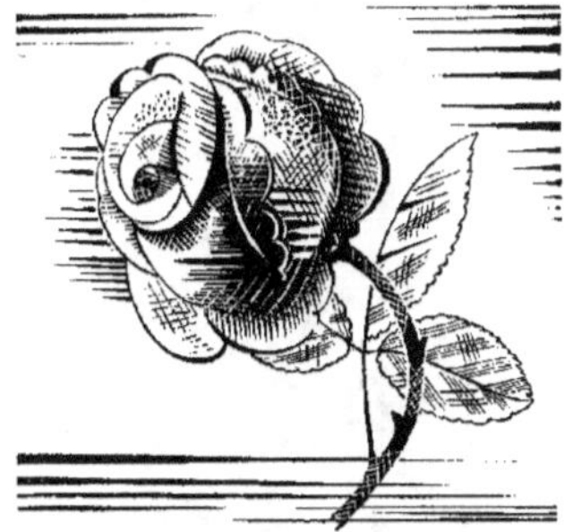

TABLE DES
GRAVURES

Les compositions qui ornent cet ouvrage sont de F.-L. SCHMIED qui les a gravées et imprimées sur ses presses à bras. Collaborateurs : Pierre Bouchet et Théo. Schmied fils, graveurs-pressiers.

Achevé d'imprimer le 30 Avril 1926.